Susan Bertsch • Susanne Lehner • Christa Franz

Die tolle Knolle

Fächerübergreifende Unterrichtsmappe
rund um die Kartoffel

CARE■LINE

Impressum

Best.-Nr. 125213
ISBN 978-3-93725-213-1

Bibliographische Information der Deutschen Bibliothek
Die Deutsche Bibliothek verzeichnet diese Publikation in der Deutschen Nationalbibliographie; detaillierte bibliographische Daten sind im Internet über http://dnb.ddb.de abrufbar.

5. Auflage 2008
© CARE-LINE Verlag in Druck+Verlag Ernst Vögel GmbH
Kalvarienbergstr. 22, 93491 Stamsried
Tel.: 0 94 66 / 94 04 0
Fax: 0 94 66 / 12 76
E-Mail: careline@voegel.com
Internet: www.care-line-verlag.de

Autorinnen: Susan Bertsch, Susanne Lehner, Christa Franz
Illustrationen: Gabriele Silveira, Mario Sprenger

Alle Rechte vorbehalten.
Nachdruck, auch auszugsweise, nur mit schriftlicher Genehmigung des Verlages.
Für die Kopier- und Folienvorlagen räumt der Verlag ein Vervielfältigungsrecht durch
Fotokopien ein – ausdrücklich aber nur für den jeweiligen Unterrichtsgebrauch.

Inhaltsverzeichnis

Einführung

Unterrichtseinheit 1   **Ein Erdbewohner stellt sich vor**   Seite 9

Folienvorlage: „Knollinchen"
Folienvorlage: „Ein Erdbewohner stellt sich vor"
Arbeitsblatt: „Ein Erdbewohner stellt sich vor"

Unterrichtseinheit 2   **So ein starkes Stück**   Seite 15

Arbeitsblatt: „Wie wir … in der Kartoffel gefunden haben"
Arbeitsblatt: „So ein starkes Stück"
Arbeitsblatt: „So kannst du erforschen, wie Giftstoffe in die Kartoffel dringen können"

Unterrichtseinheit 3   **Eine sorgfältig behütete Knolle**   Seite 23

Arbeitsblatt: „So kann der Landwirt dafür sorgen, dass wir eine geschmackvolle,
                   gesunde Kartoffel erhalten"
Folienvorlage: „Dr. Schaugenau"

Unterrichtseinheit 4   **Wohin mit den vielen Kartoffeln?**   Seite 29

Arbeitsblatt: „Kartoffeln sind vielseitig verwendbar"
Arbeitsblatt: „Der Weg der Kartoffeln vom Bauern zum Verbraucher"

Unterrichtseinheit 5   **Eine Knolle mit vielen Gesichtern**   Seite 37

Folienvorlage: „Eine Knolle mit vielen Gesichtern"
Arbeitsblatt: „Die Kartoffel – ein Genuss in vielen Formen"
Arbeitsblatt: „Rätselgitter"
Arbeitsblatt: „Mein Kartoffelprotokoll"

Unterrichtseinheit 6   **So ein leckeres (Erd-)Früchtchen**   Seite 45

Text für die Tonbandaufnahme oder szenische Darstellung
Arbeitsblatt: „Bauern-Kartoffelsalat"
Folienvorlage: „Bauern-Kartoffelsalat"
Arbeitsblatt   „Mein Lieblings-Kartoffelrezept"

Unterrichtseinheit 7   **Die Kartoffel – eine Reisende durch die Zeit**   Seite 53

Arbeitsblatt: „Die Kartoffel – eine Reisende durch die Zeit"
Arbeitstexte für Gruppenarbeit
Bildkarten
Folienvorlage: „Die Kartoffel – eine Reisende durch die Zeit"
Folienvorlage: „Erntezeit"

Unterrichtseinheit 8   **Der Retter aus der größten Not**   Seite 63

Folienvorlage: „Die Kartoffelesser"

Unterrichtseinheit 9   **Wir feiern ein Kartoffelfest**   Seite 67

Kopiervorlage: Vorbereitungsplan – Wir planen unser Kartoffelfest
Kopiervorlage: Arbeitsplan – Wir planen unser Kartoffelfest

Warum die Kartoffel? — Einführung

Eine unscheinbare braune Knolle im Grundschulunterricht?

Beschäftigt man sich näher mit der Kartoffel, entdeckt man erstaunliche und vielfältige Aspekte, die für eine intensivere Untersuchung im Unterricht interessant und lohnenswert erscheinen. Die Kartoffel – ein Nahrungsmittel, das fast täglich auf unserem Speisezettel erscheint. Kartoffelsalat, Kroketten, Kartoffelpüree – lang ist die Liste der Gerichte, die wir kennen. Die Kartoffel ist eines unserer wichtigsten Grundnahrungsmittel. Sie ist damit Teil der unmittelbaren Lebenswirklichkeit der Kinder und deshalb idealer Ausgangspunkt, im Lehrplan angesprochene Themen exemplarisch zu erarbeiten.

Ein Thema, das Kinder interessiert und motiviert?

In den vorliegenden Unterrichtseinheiten wird versucht aufzuzeigen, welche mannigfaltigen Möglichkeiten sich im Rahmen des Themenkomplexes „Kartoffel" eröffnen, um verschiedenste Lernziele zu verwirklichen.
Bei der Ausarbeitung der Mappe wurde besonderer Wert darauf gelegt, dass die Kinder das Thema mit allen Sinnen erfassen und begreifen können, dass sie Erfahrungen aus erster Hand sammeln und selbsttätig handeln.
Sie können in unterschiedlichen Sozialformen miteinander arbeiten, ihre Ideen, Erfahrungen und ihr Wissen einbringen und vielfältige Arbeitstechniken anwenden.

Kartoffelunterricht quer Beet?

Die einzelnen Unterrichtseinheiten stehen zwar zueinander in einer logischen Abfolge, können aber voneinander unabhängig und in verschiedenen Jahrgangsstufen behandelt werden. Ein umfassendes Projekt, die ausgewiesenen Querverbindungen einbeziehend, ist sicherlich gewinnbringend für Schüler und Lehrer gleichermaßen.
Denkbar wäre auch, einige der angesprochenen Ideen im Rahmen der Freiarbeit aufzugreifen und Themenbereiche zu vertiefen.

Lang, lang ist's her ...

Die Kartoffelpflanze stammt ursprünglich nicht aus Europa, sondern aus den Gebirgsländern Südamerikas. Schon vor mehr als 2.000 Jahren pflanzten die Inkas, die dieses Wissen wiederum von der Urbevölkerung übernommen hatte, Knollen, die sogenannten „Papas", an. Sofort nach der Ernte wurden die Knollen auf sonnige Wiesen, die über 4.000 m hoch lagen, getragen und dort dem Nachtfrost ausgesetzt. Nachdem die Sonne die Knollen aufgetaut hatte, stampften die Inkas den Saft heraus und ließen sie an der Luft verdorren. Bis heute gibt es auf den Märkten in den Anden solche „chunos".

Nahrung wird Medikament

Neben dem Mais wurden die Kartoffelknollen bei der Andenbevölkerung als Hauptnahrungsmittel geschätzt und auch als Heilmittel verwendet. So trugen sie sie als Schutz gegen Rheumatismus in den Taschen, sie rieben sich gegen Kopfschmerzen die Stirn mit der rohen Kartoffel ein und benützten sie zur Linderung von Verdauungsstörungen.

Einführung

Wer war's wirklich?

Die Einführung der Kartoffel in Europa wurde lange Zeit den beiden englischen Seefahrern Sir Francis Drake und Walter Raleigh zugeschrieben. Mittlerweile konnte nachgewiesen werden, dass diese zwar den Wert der Knolle kannten, sie aber nicht im vermehrungsfähigen Zustand nach Europa gebracht haben können. Bis heute bleibt ungeklärt, wer sie nun wirklich als Erster nach Europa eingeführt hat, Spanier oder Engländer.

Ein Weg jedoch ist geschichtlich belegt: 1526 stießen die Spanier von Panama aus ins Inkareich vor. Sie fanden nicht nur reiche Silber- und Goldschätze, sondern auch ausgedehnte Kartoffelkulturen. Pizarro brachte die Nachricht vom „wohlschmeckenden, mehligen Trüffel" nach Spanien. Zunächst aber wurden nur die bizarren Blüten der Kartoffelpflanze bewundert, obwohl die spanischen Seefahrer schon den Wert der Kartoffel als Schutz vor der gefährlichen Skorbuterkrankung erkannt hatten. Vermutlich wurde die Kartoffel erst im Jahre 1565 im Königreich Spanien verzehrt.

Kartoffel kommt von Trüffel

Wiederum gibt es verschiedene Meinungen, wie die Kartoffel zu ihrer nächsten Station in Europa, nach Italien, gelangt sein könnte. Einige Quellen sprechen von dem Naturforscher Hieronymus Cordanus, der sie in die Toskana gebracht haben soll. Andere behaupten, der spanische König Phillip II. hätte dem Papst in Rom einige Knollen geschenkt. Oder sollten tatsächlich begeisterte Anhänger des Karmeliterordens die Kartoffel nach Italien gebracht haben?
Eines jedenfalls scheint sicher, ihren Namen erhielt sie hier: Wegen der sonderbaren Knolle, die wie der begehrte Trüffel aussah und genau wie dieser unterirdisch wuchs, nannte man die weitgereiste Exotin eben Trüffel, italienisch „tartufo". Aus diesem Namen entstand dann das deutsche Wort „Kartoffel".

Vom Schmuck der Gärten ...

Bereits 1589 brachte der Botaniker Clusius, der unter Kaiser Maximilian II. Betreuer der kaiserlichen Gärten von Wien und Frankfurt war, die Kartoffelpflanze nach Deutschland. Ihn interessiert sie jedoch nicht als Gemüseknolle, er wollte sie nur für seine Gärten, in denen er seltene Pflanzen züchtete.
Nun verbreitete sie sich als besondere botanische Rarität vorwiegend in den Gärten wohlgenährter Fürsten, Geistlicher und Gelehrter, ohne dass ihr besonderer Wert als Nahrungsmittel erkannt wurde.

Einführung

... auf die Felder

Es dauerte mehr als ein Jahrhundert, bis sich die Kartoffel von einer Zierpflanze zu einer Ackerpflanze entwickelte und sie ihren Platz als Volksnahrungsmittel einnehmen konnte. Erst eine gewaltige Hungersnot im Jahre 1740 sollte den Widerstand der Bevölkerung brechen. Durch die großen Anstrengungen von Friedrich dem Großen, der den Wert der Kartoffel früh erkannt hatte, kam es zu einem feldmäßigen Anbau.

Der Alte Fritz führte einen erbitterten Kampf, um die Bauern von der Nützlichkeit der Kartoffel zu überzeugen. Er erließ Verordnungen zum Anbau der Kartoffel, legte von Soldaten bewachte Musterfelder an, um den Bauern den Wert der Kartoffel zu demonstrieren, ließ Saatkartoffeln verteilen und die Bauern durch Soldaten und selbst Prediger (vom Volk als „Knollenprediger" beschimpft) in der Kultur der neuen Pflanze unterweisen.
Erschwert wurden des Königs Bemühungen durch einen tragischen Irrtum. Aus Unkenntnis verzehrten einige Menschen zunächst die kleinen grünen Beeren und erlitten starke Vergiftungserscheinungen. So warnte selbst Goethe in „Wilhelm Meisters Lehrjahre" vor dem „unseligen Kartoffelgenuss". Um die Vorurteile gegen den Genuss des „Erdapfels" abzubauen, musste der Alte Fritz letztendlich öffentlich Kartoffeln verzehren.
Gegen Ende des 18. Jahrhunderts begann die Kartoffel dann die gesamte Landwirtschaft Deutschlands und anderer europäischer Länder zu beeinflussen.

Vom Kellerkind zur beliebtesten Beilage

Die Kartoffel ist auch heute noch eines unserer wichtigsten und beliebtesten Nahrungsmittel. Unter den Beilagen stehen Kartoffeln und Kartoffel-Fertigprodukte mit 64,2% an erster Stelle, gefolgt von Teigwaren (26,7 %) und Reis (9,1 %). Der Pro-Kopf-Verbrauch an Speisekartoffeln in Deutschland beträgt ca. 73 kg im Jahr.
Kartoffeln haben einen hohen Sättigungswert, der auf den Anteil an Kohlenhydraten in Form von Stärke zurückzuführen ist. Dabei ist die Kartoffel ein sehr kalorienarmes und cholesterinfreies Lebensmittel. Sie hat weniger Kalorien als Nudeln oder Reis und ist daher auch gut für alle, die aus gesundheitlichen Gründen ihre Fettbilanz im Auge behalten müssen. In der Kombination mit Gemüse oder Eiern leisten Kartoffeln einen wichtigen Beitrag zu einer ausgewogenen Ernährung. In der Bundesrepublik Deutschland werden pro Jahr ca. 275.000 Hektar Kartoffeln angebaut. Das ergibt eine Ernte von rund 11,6 Mio. Tonnen Kartoffeln insgesamt. (FAOSTAT 2007)

Die Knolle hat's in sich

Die Kartoffel ist Träger vieler Vitamine und Mineralstoffe. Früher war sie oft die einzige Möglichkeit, die Vitamin-C-Versorgung im Winter sicherzustellen. Aufgrund dieser Tatsache wird die Kartoffel auch „Zitrone des Nordens" genannt. Reichlich, wie kaum ein anderes Lebensmittel, enthalten Kartoffeln Mineralstoffe wie Kalium, Magnesium, Eisen, Kupfer, Mangan und Phosphor. Die Kartoffel trägt zu einer gesunden Ernährung bei. Sie enthält etwa 14 % Kohlenhydrate (zum großen Teil als Stärke, die durch das Garen für den Körper verdaulich gemacht wird, vorhanden), ca. 2,5 % Ballaststoffe, 2 % Eiweiß und nur Spuren Fett. Wertvoll machen die Kartoffel z. B. der Anteil an essentiellen Aminosäuren (Bausteine des Nahrungseiweiß), die vom Körper nicht produziert werden können, und Eiweiß. Dies wird für den Zellaufbau sowie den Enzym- und Hormonstoffwechsel benötigt.

Einführung

■ Die Ballaststoffe wirken sich günstig auf die Verdauung aus. Daneben machen besonders die enthaltenen Mineralstoffe die Knolle so gesund.
So ist der Anteil an Natriumchlorid sehr gering, während das reichlich vorhandene Kalium der Entwässerung und damit der Ausscheidung von Stoffwechselabbauprodukten dient.

■ Als weitere wichtige Mineralien enthält die Kartoffel Magnesium zu Versorgung von Nerven und Muskeln sowie Phosphor zur Unterstützung diverser Stoffwechselvorgänge.

■ Neben Vitaminen der B-Gruppe ist vor allem Vitamin C enthalten. Das Kochen in der Schale verhindert im übrigen ein Ausschwemmen der Vitamine.

■ Der geringe Fettgehalt (Energiewert von nur ca. 70 Kilokalorien pro 100 Gramm) macht einen weiteren Wert für eine gesunde Ernährung aus.

■ In den grünen Teilen der Kartoffel befindet sich Solanin, das in größeren Mengen für den Menschen giftig wirkt. Grüne Stellen an Kartoffeln sollten daher entfernt werden.

Solanum tuberosum – die Kartoffelpflanze

Die Kartoffelpflanze gilt als eine der wichtigsten Nutzpflanzen in Deutschland, die sogar auf Sandböden gut gedeiht und bis in hohe Lagen angebaut werden kann. Sie gehört zu den Nachtschattengewächsen und ist im botanischen Sinne – entgegen der verbreiteten Meinung – keine Frucht.
Die Pflanze entsteht aus einer Mutterknolle, die vom Landwirt einige Zentimeter tief in den Boden gelegt bzw. gesteckt wird (vegetative Vermehrung). Aus einem Auge der Knolle keimt ein Trieb, von dem Ausläufer unter der Erde abgehen, an denen sich die Knollen (= „Sprossknolle") bilden. Mit Hilfe von Wurzeln entziehen sie dem Boden Nährstoffe und Feuchtigkeit (= „Nährstoffspeicher").
Über der Erde wächst eine Staude mit Blüten und einer Beere, die die Samen enthält. Den Blütenstand bezeichnet man als Doldentraube. Die Frucht entsteht meist durch Selbstbestäubung, sie ist grünschalig und enthält, wie alle grünen Teile der Kartoffelpflanze, das Gift Solanin.
Aus dem Samen können neue Kartoffelsorten gezüchtet werden (generative Vermehrung).

Unterrichtseinheit 1

Ein Erdbewohner stellt sich vor

Ein Erdbewohner stellt sich vor

Unterrichtseinheit 1

Ziele

Die Schüler sollen

- erkennen, wie die Kartoffelpflanze aufgebaut ist und die Teile benennen
- die Kartoffel sinnlich erfahren und ihre Eindrücke versprachlichen
- giftige von ungiftigen Teilen unterscheiden

MÖGLICHER UNTERRICHTSVERLAUF	Arbeitsformen / Medien

Hinführung

- abgedeckter Korb mit Kartoffeln: Schüler tasten und raten, entdecken die Kartoffel
- spontane Schüler-Äußerungen
- Sammlung von Schüler-Vorwissen

> Zielangabe: „Die Kartoffel – eine ganz besondere Frucht"

Korb, Tuch, Kartoffeln
Sitzkreis

Tafel

Erarbeitung

Teil 1: Untersuchung der Frucht

- Schüler befühlen, riechen, betrachten, schmecken
  → **Verbalisierung der Eindrücke, Verwendung passender Begriffe und Eigenschaftswörter**

ganze und halbierte Kartoffel
Partnerarbeit

Teil 2: Aufbau der Kartoffelpflanze

- Aufgreifen des Begriffes „Erdbewohner" → Klärung
- sukzessive Entwicklung des Tafelbildes (Lehrer-Zeichnung)
  (Analog Folie „Ein Erdbewohner stellt sich vor: Die Kartoffelpflanze")
  a) in der Erde befindliche Teile
  b) über der Erde wachsende Teile
- Schüler suchen nach passenden Begriffen; ordnen dann vorgegebene Wortkarten zu → Teilzielzusammenfassung
- Sicherung: Eintrag der Begriffe auf dem Arbeitsblatt

wenn möglich:
ganze Kartoffelpflanze

Tafel / Folie

Wortkarten / Tafel

Arbeitsblatt

Teil 3: Unterscheidung giftiger und ungiftiger Teile

- Lehrer liest Infotext auf Arbeitsblatt an bis „Nein!", Schüler vermuten und erlesen still die Information, lösen dann den Arbeitsauftrag
- Schüler geben Kernaussage des Textes wieder und zeigen an der Tafel die giftigen Teile

Arbeitsblatt

Tafel

Zusammenfassung

- Schüler halten Arbeitsrückschau
- abschließendes „Expertenspiel" (Schüler beantwortet, als „Experten" Fragen aus dem „Publikum".)

QUERVERBINDUNGEN

Musik

■ Liedeinführung „Loblied auf die Kartoffel" von Friedrich Sautter entnommen aus: Ehrenwirth-Verlag, Lehrerjournal Grundschule, Sonderbeitrag „Dritte Welt in der Grundschule", Heft 3 / 1987, September

Textilarbeit / Werken

■ Textilapplikation (Darstellung der Kartoffelpflanze)

Schulgarten

■ Kartoffeln anpflanzen und pflegen

SONSTIGE HINWEISE / BEMERKUNGEN

■ Differenzierung bzw. Hausaufgabe: Ausmalen der Pflanze
■ nach Möglichkeit: Unterrichtsgang zum Kartoffelfeld (Kartoffeln ausgraben, ernten, ganze Pflanze betrachten)
■ Bild einer Kartoffelpflanze: Wahl zwischen Tafelzeichnung und Folie möglich
■ Folie Knollinchen: Damit wird die Leitfigur der Klasse vorgestellt

ARBEITSBLÄTTER / FOLIEN / ANLAGEN

■ Folie „Knollinchen"
■ Folie „Ein Erdbewohner stellt sich vor: Die Kartoffelpflanze"
■ Arbeitsblatt „Ein Erdbewohner stellt sich vor: …"

Folie

Knollinchen

Ein Erdbewohner stellt sich vor:
Die Kartoffelpflanze

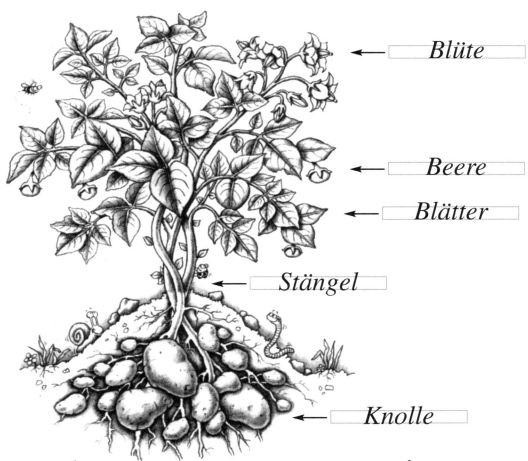

→ *Blüte*

→ *Beere*

→ *Blätter*

→ *Stängel*

→ *Knolle*

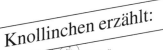

Knollinchen erzählt:

Achtung! ⚠

Als ich noch im Felde wohnte, kamen eines Tages zwei Kinder und spielten zwischen den Kartoffelpflanzen. Plötzlich hörte ich eines sagen: „Oh Maria, schau, da sind schöne Blüten und Beeren an den Sträuchern. Komm, die essen wir!" „Nein", schrie ich in der Erde, aber die Kinder hörten mich nicht.

Gott sei Dank kam in diesem Moment der Bauer und erklärte den beiden, dass viele Teile der Pflanze giftig sind! „Die Blüten, die Beeren und alle grünen Teile dürft ihr auf keinen Fall essen!" Puh, Glück gehabt!

■ Lies' genau und unterstreiche dann rot, welche Teile der Kartoffelpflanze giftig sind!

UE 1 „Ein Erdbewohner stellt sich vor"

Name: Datum:

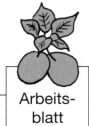

Arbeits-
blatt

Ein Erdbewohner stellt sich vor:

Knollinchen erzählt:

Achtung! ⚠

Als ich noch im Felde wohnte, kamen eines Tages zwei Kinder und spielten zwischen den Kartoffelpflanzen. Plötzlich hörte ich eines sagen: „Oh Maria, schau, da sind schöne Blüten und Beeren an den Sträuchern. Komm, die essen wir!" „Nein", schrie ich in der Erde, aber die Kinder hörten mich nicht.
Gott sei Dank kam in diesem Moment der Bauer und erklärte den beiden, dass viele Teile der Pflanze giftig sind! „Die Blüten, die Beeren und alle grünen Teile dürft ihr auf keinen Fall essen!" Puh, Glück gehabt!

■ Lies' genau und unterstreiche dann rot, welche Teile der Kartoffelpflanze giftig sind!

UE 1 „Ein Erdbewohner stellt sich vor"

Unterrichtseinheit 2

So ein starkes Stück

So ein starkes Stück

Unterrichtseinheit 2

Ziele

Die Schüler sollen

- wiederholen, welche Nährstoffe der Körper benötigt, und ihre Bedeutung für den Körper erklären
- erkennen, dass die Kartoffel viele dieser Nährstoffe besitzt und sie damit wichtiger Bestandteil einer gesunden Ernährung ist
- in Bezug auf ihre Ernährung bewusst und verantwortlich handeln lernen

MÖGLICHER UNTERRICHTSVERLAUF — Arbeitsformen / Medien

Hinführung

- szenische Darstellung zur Wiederholung der Nährstoffe und ihrer Bedeutung (Schüler schildert seine ungesunden Essgewohnheiten, Schüler berichtigen)
- stummer Impuls: Bild der „Muskelprotz-Kartoffel"
- Schüler-Äußerungen

szenische Darstellung

Folie

> **Zielangabe: „Wir untersuchen: Was macht die Kartoffel so stark?"**

Erarbeitung

Teil 1: Versuch zum Aufzeigen von Stärke

- Planungsphase: Vorschläge der Schüler zur Informationsbeschaffung
- Durchführung des Versuches nach Anleitung siehe Arbeitsblatt 1
- Schüler entdecken mehlartige Substanz („Kartoffelmehl"), Vergleich mit Paket Kartoffelmehl
- → Erkennen der Stärke als wichtiger Bestandteil der Kartoffel
- → Eintrag „Stärke" in das Arbeitsblatt 1

Materialien für Versuch
Arbeitsblatt

Paket Kartoffelmehl

Teil 2: Weitere Inhaltsstoffe

- Schüler äußern Vermutungen, lesen dann genau nach (Information auf Arbeitsblatt)
- Zusammentragen der Infos → Lehrer heftet Bildkarten an die Tafel = Zusammensetzung der Nährwerte
- Sicherung durch Eintrag unter Berücksichtigung der Bedeutung (Schutzstoffe, Antriebsstoffe, Baustoffe, etc.)
- Erarbeitung des Merksatzes im Gespräch und Eintrag

Arbeitsblatt 1
Arbeitsblatt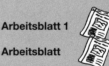

Bildkarten / Tafel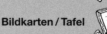

Arbeitsblatt
Unterrichtsgespräch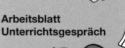

Zusammenfassung

- Arbeitsrückschau
- Aufgreifen der szenischen Darstellung: Schüler „beraten" die Darsteller, übertragen die Erkenntnis auf ihr eigenes Essverhalten, berichten von Essgewohnheiten in der eigenen Familie

Unterrichtsgespräch

QUERVERBINDUNGEN

Deutsch / Schriftlicher Sprachgebrauch

■ Niederschrift zum Stärkeversuch

Deutsch / Mündlicher Sprachgebrauch

■ Vorgangsbeschreibung

Umwelterziehung

■ Bedeutung des kontrollierten Anbaus, verdeutlicht durch Langzeitversuch:
Kartoffelpflanze mit gefärbtem Wasser gießen → Färbung der Knolle; (siehe
Arbeitsblatt 3)

SONSTIGE HINWEISE / BEMERKUNGEN

■ Als Voraussetzung für diese Unterrichtseinheit sollten die Bestandteile der
Nahrung und ihr Wert für unsere Gesundheit bereits eingeführt worden sein, so
dass an der Kartoffel exemplarisch ihre besondere Bedeutung herausgearbeitet
werden kann.

ARBEITSBLÄTTER / FOLIEN / ANLAGEN

■ Arbeitsblatt 1: Stärkeversuch → als Informationstext gedruckt ausgefüllt, als
Arbeitsblatt mit Lücken
■ Arbeitsblatt 2: Inhaltsstoffe der Kartoffel
■ Arbeitsblatt 3: Giftstoff-Versuch

Name: Datum:

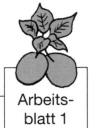

Arbeitsblatt 1

Wie wir ▭ in der Kartoffel gefunden haben

① Kartoffeln schälen   ② reiben   ③ Wasser dazu schütten   ④ Tuch füllen

⑤ ausdrücken   ⑥   ⑦ Kartoffelwasser absetzen lassen   ⑧ Wasser vorsichtig abgießen

①
②
③
④
⑤
⑥
⑦
⑧

UE 2 „So ein starkes Stück"

Name: Datum:

Lösung AB 1

Wie wir Stärke in der Kartoffel gefunden haben

① Kartoffeln schälen   ② reiben   ③ Wasser dazu schütten   ④ Tuch füllen

   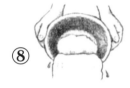

⑤ ausdrücken   ⑥   ⑦ Kartoffelwasser absetzen lassen   ⑧ Wasser vorsichtig abgießen

① *Wir schälen die Kartoffeln.*

② *Dann reiben wir sie in eine Schüssel.*

③ *Zu dem Brei geben wir eine Tasse Wasser.*

④ *Nun füllen wir den Inhalt der Schüssel in ein Tuch.*

⑤ *Wir drücken das Tuch aus und fangen den Saft auf.*

⑥ *Jetzt lassen wir das Kartoffelwasser absetzen.*

⑦ *Vorsichtig gießen wir das Wasser ab.*

⑧ *Auf dem Boden der Schüssel bleibt ein weißes Pulver zurück – die Stärke.*

UE 2 „So ein starkes Stück"

Name: Datum:

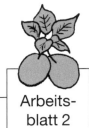

Arbeits-blatt 2

So ein starkes Stück

Feste Inhaltsstoffe der Kartoffel

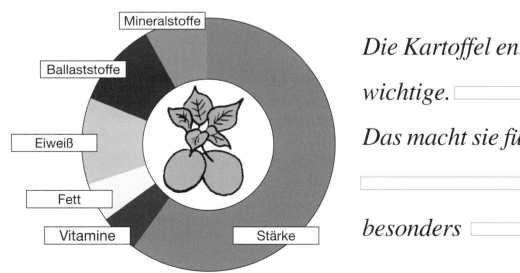

Die Kartoffel enthält viele

wichtige.

Das macht sie für unsere

besonders   .

UE 2 „So ein starkes Stück"

Name: Datum:

Lösung AB 2

So ein starkes Stück

Eiweiß

Kohlen-hydrate (Stärke)

Mineral-stoffe

Ballast-stoffe

Vitamine

Wasser

Fett

Feste Inhaltsstoffe der Kartoffel

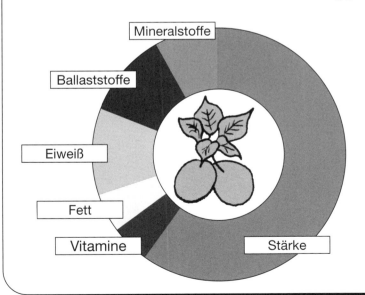

Die Kartoffel enthält viele wichtige Nährstoffe. Das macht sie für unsere Ernährung besonders wertvoll.

UE 2 „So ein starkes Stück"

Name: Datum:

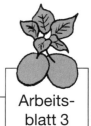

Arbeitsblatt 3

So kannst du erforschen, wie Giftstoffe in die Kartoffel dringen können

Du brauchst:

- 1 Kartoffelpflanze mit Knolle
- 1 Gießkanne
- etwas Farbpulver (blau / rot)
- Geduld

Gieße deine Kartoffelpflanze täglich mit Wasser, in das du einen gestrichenen Teelöffel voll Farbpulver aufgelöst hast. Ernte nach etwa vier Wochen eine Knolle deiner Pflanze und schneide sie auf. Was stellst du fest?

Das habe ich beobachtet:

UE 2 „So ein starkes Stück"

Unterrichtseinheit 3

Eine sorgfältig behütete Knolle

Eine sorgfältig behütete Knolle

Unterrichtseinheit 3

Ziele

Die Schüler sollen

- erkennen, dass die Erzeugung von Lebensmitteln großer Verantwortung bedarf
- erfahren, dass die Kartoffelfrucht besonderer Pflege bedarf, damit sie geschmackvoll und rein zum Verbraucher gelangen kann
- Möglichkeiten kennen lernen, das Grundnahrungsmittel Kartoffel rein zu halten
- sich der Bedeutung des kontrollierten Anbaus für die eigene Gesundheit bewusst werden

MÖGLICHER UNTERRICHTSVERLAUF — Arbeitsformen / Medien

Hinführung

- **Stummer Impuls**
- **Aussprache** über die Tätigkeit des Kontrollierens
- **Lehrerinformation:**
  Vorstellen der gezeigten Person
  Bericht über die Arbeit des Kontrolleurs

Arbeitstext für Lehrer:
Dr. Schaugenau berichtet:
„Diese Woche besuchte ich Bauer Schimmelpfennig, um die Qualität seiner Kartoffeln zu überprüfen. Ich biss zur Geschmackskontrolle in eine hinein und stellte fest, dass die Kartoffel irgendwie seltsam schmeckte. Daraufhin untersuchte ich sie genauer.

- Schüler vermuten

> **Zielangabe: „Wie kann man dafür sorgen, dass die Kartoffel geschmackvoll und rein den Verbraucher erreicht?"**

Erarbeitung

Teil 1: Welche Stoffe können in die Kartoffel gelangen?

- Vorwissen der Schüler sammeln (Inhaltsstoffe der Kartoffel)
- Schüler erlesen weitere Informationen von der Folie
  → Kreisdiagramme („Das hat Dr. Schaugenau festgestellt!")
- Unterrichtsgespräch: Möglichkeiten, wie die Kartoffel verunreinigt worden sein kann.
- → **Teilzielzusammenfassung:**
  Schüler berichten als „Dr. Schaugenau"

24

MÖGLICHER UNTERRICHTSVERLAUF — Arbeitsformen / Medien

Erarbeitung

Teil 2: Wie kann der Landwirt die Kartoffel rein halten?

- Partnerarbeit:
  stilles Erlesen, gegenseitiges Berichten
- Schüler tragen die wichtigsten Aussagen vor
  („Wenn ich Bauer wäre …")
- → **Teilzielzusammenfassung:**
  Schüler fertigen zu wichtigsten Arbeitsschritten Zeichnung an

Zusammenfassung

Arbeitsrückschau

- Bewusstmachen der Bedeutung für die eigene Gesundheit

Auswertung

- Übertrag gewonnener Erkenntnisse auf weitere in der Landwirtschaft angebaute Produkte (z. B. Radieschen, Rettich)

Partnerarbeit / Arbeitsblatt 1

Arbeitsblatt

ARBEITSBLÄTTER / FOLIEN / ANLAGEN

- Arbeitsblatt
- Folie Dr. Schaugenau

Name: ⬜ Datum: ⬜

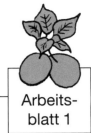

Arbeitsblatt 1

So kann der Landwirt dafür sorgen, dass wir eine geschmackvolle, gesunde Kartoffel erhalten

Er muss für die Pflege der Kartoffel (den Anbau und die Ernte) Folgendes beachten:

1. Bodenuntersuchungen
   Nur in einem gesunden Boden wächst auch eine gesunde Kartoffel!
   - ■ Male ein Bild von einem Acker und „Dr. Schaugenau"

2. Kontrolle der Feldfrucht
   - → Geschmack
   - → Nitratgehalt
   - → Rückstände (z. B. Schwermetalle)
   - ■ Male Knollinchen

3. Keine Ernte bei zu niedrigen Temperaturen
   Bekommt die Kartoffel Frost, verändert sie ihren Geschmack
   - ■ Male Knollinchen mit Schal

4. Verwendung von geeigneten Verpackungsmaterialien
   - ■ Male eine Verpackungsmöglichkeit

5. Lagerung und Transport
   - → lichtarme, kühle und trockene Lagerung
   - → unmittelbarer Transport zum Verbraucher
   - ■ Überlege dir ein eigenes Bild

* Kartoffeln werden so verpackt:
   - → im Plastiksack
   - → im Plastiknetz
   - → im Baumwollnetz
   - → in Papiertüten, diese haben folgende Vorteile: sie schützen vor Licht, Kondenswasser kann verdunsten, Fäule und Schimmel wird entgegengewirkt

UE 3 „Eine sorgfältig behütete Knolle"

Folie 1

Inhaltsstoffe der Kartoffel

- Mineralstoffe
- Ballaststoffe
- Eiweiß
- Fett
- Vitamine
- Stärke

Das fand Dr. Schaugenau in seiner Kartoffel

- Giftstoffe
- Mineralstoffe
- Ballaststoffe
- Eiweiß
- Fett
- Vitamine
- Stärke

UE 3 „Eine sorgfältig behütete Knolle"

Notizen

Unterrichtseinheit 4

Wohin mit den vielen Kartoffeln?

Wohin mit den vielen Kartoffeln?

Unterrichtseinheit 4

Ziele

Die Schüler sollen

- die vielfältigen Verwendungsmöglichkeiten der Kartoffel kennenlernen
- den Weg vom Hersteller zum Verbraucher nachvollziehen können

MÖGLICHER UNTERRICHTSVERLAUF — Arbeitsformen/Medien

Hinführung

- Lehrer zeigt Kartoffelsack
  Lehrerimpuls: Bauer Meier will auf seinen Feldern die Kartoffeln ernten
- Spontane Schüleräußerungen
  Aufdeckung der Tafelanschrift: Die Ernte von zwei großen Feldern beträgt ca. 80 Tonnen, das sind 1 600 Säcke voll Kartoffeln

| Zielangabe: Was macht Bauer Meier mit den vielen Kartoffeln? |

Erarbeitung

Teil 1: Die drei Hauptverwendungsmöglichkeiten – als Nahrungsmittel, zur Verfütterung, als Grundstoff (Stärke) in der Industrie – kennenlernen

- Lehrer heftet nacheinander die vergrößerten Bilder aus Arbeitsblatt 1 an die Tafel
- Schüler äußern sich dazu
- Vorbereitete Satzkarten aus Arbeitsblatt 1 werden den Bildern zugeordnet
- → **Sicherung:**
  Eintrag ins Arbeitsblatt

Teil 2: Der Weg vom Bauern zum Verbraucher

- Stilles Erlesen des Informationstextes
  Partnerarbeit: Übertragen der einzelnen Stationen auf das Arbeitsblatt 2
- Einzeichnen der Bilder (auch als Hausaufgabe geeignet)
- → **Zusammenfassung:**
  Vergleichen der Arbeitsergebnisse

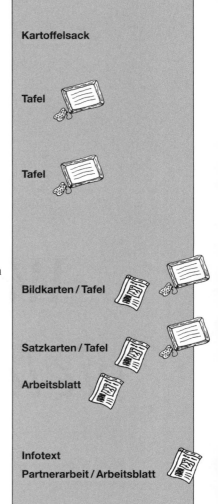

Kartoffelsack

Tafel

Tafel

Bildkarten / Tafel

Satzkarten / Tafel

Arbeitsblatt

Infotext
Partnerarbeit / Arbeitsblatt

QUERVERBINDUNGEN

Deutsch / Lesen

■ Die Geschichte vom Kartoffelkönig

Umwelterziehung

■ Bedeutung und Auswirkung evtl. langer Transportwege bewusst machen

ARBEITSBLÄTTER / FOLIEN / ANLAGEN

■ Arbeitsblatt 1: Kartoffeln sind vielseitig verwendbar
  Lösung von Arbeitsblatt 1 für Bild- und Wortkarten verwendbar
■ Arbeitsblatt 2: Der Weg der Kartoffeln vom Bauern zum Verbraucher mit Informationstext

Name: Datum:

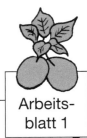

Arbeits-
blatt 1

Kartoffeln sind vielseitig verwendbar

UE 2 „Wohin mit den vielen Kartoffeln?"

Name: Datum:

Lösungs-blatt 1

Kartoffeln sind vielseitig verwendbar

Extra angebaute Futter-kartoffeln finden in der Schweinemast Ver-wendung.

Der größte Teil der Kartoffeln wird von uns gegessen.

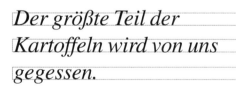

Die aus den Kartoffeln gewonnene Stärke wird zur Weiterverarbeitung in Klebstoffen, Farben und sogar in der Kosmetik-industrie gebraucht.

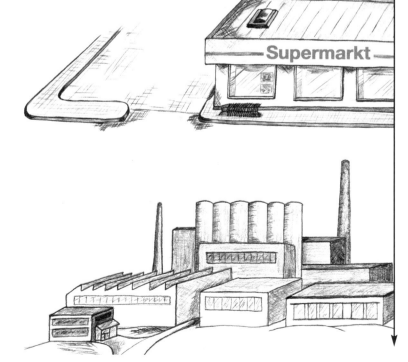

UE 2 „Wohin mit den vielen Kartoffeln?"

Name: ☐ Datum: ☐

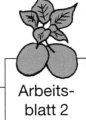

Arbeitsblatt 2

Der Weg der Kartoffeln vom Bauern zum Verbraucher

Informationstext

■ Im Herbst ernten die Bauern die Kartoffeln auf den Feldern. Ein Teil der Ernte wird umgehend auf den Wochenmärkten verkauft und gelangt so auf dem schnellsten Weg zum Verbraucher. Der größere Teil der Ernte wird in Lagerhäuser gebracht und nach und nach an die Supermärkte ausgeliefert, wo sie dann wieder im Einkaufskorb der Verbraucher landen. Ein zweiter Weg führt von den Lagerhäusern in die Industriehallen. Hier werden die Kartoffeln zu Chips, Pommes frites und anderen Fertigprodukten verarbeitet. Über die Lebensmittelläden gelangen sie schließlich auch zum Verbraucher.

UE 2 „Wohin mit den vielen Kartoffeln?"

Name: Datum:

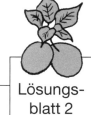

Lösungsblatt 2

Der Weg der Kartoffeln vom Bauern zum Verbraucher

Wochenmarkt   *Verbraucher*

Feld

Supermarkt   *Verbraucher*

Lagerhalle

Industrie   *Lebensmittelladen*   *Verbaucher*

Informationstext

- Im Herbst ernten die Bauern die Kartoffeln auf den Feldern. Ein Teil der Ernte wird umgehend auf den Wochenmärkten verkauft und gelangt so auf dem schnellsten Weg zum Verbraucher. Der größere Teil der Ernte wird in Lagerhäuser gebracht und nach und nach an die Supermärkte ausgeliefert, wo sie dann wieder im Einkaufskorb der Verbraucher landen. Ein zweiter Weg führt von den Lagerhäusern in die Industriehallen. Hier werden die Kartoffeln zu Chips, Pommes frites und anderen Fertigprodukten verarbeitet. Über die Lebensmittelläden gelangen sie schließlich auch zum Verbraucher.

UE 2 „Wohin mit den vielen Kartoffeln?"

Notizen

Unterrichtseinheit 5

Eine Knolle mit vielen Gesichtern

Eine Knolle mit vielen Gesichtern

Unterrichtseinheit 5

Ziele

Die Schüler sollen

- erkennen, dass die Kartoffel zu vielen verschiedenen Nahrungsmitteln (Gerichten) verarbeitet wird
- gesunde und weniger gesunde Produkte voneinander unterscheiden
- Fertigprodukte aus Kartoffeln sammeln und anschließend ein Gemeinschaftsplakat erstellen

MÖGLICHER UNTERRICHTSVERLAUF — Arbeitsformen / Medien

Hinführung

- Provokation: Lehrer zeigt drei verschiedene Kartoffelprodukte, z. B. Kroketten, Knödel, Chips: „Diese drei Dinge haben alle etwas gemeinsam!" – Aussprache, Schüler raten

Unterrichtsgespräch

> Zielangabe: „Wir finden heute heraus, was man alles aus der Kartoffel machen kann"

Erarbeitung

Teil 1: Anknüpfen an Erfahrungswissen

- Schüler finden in konkurrierender Gruppenarbeit möglichst viele Kartoffelgerichte
- Auswertung: Lehrer notiert mit

Gruppenarbeit im Wettbewerb

Tafel

Teil 2: Verschiedene Kartoffelprodukte erkennen

- Lehrer deckt auf Folie sukzessive verschiedene Produkte auf, Schüler beschreiben
- Schüler zeichnen auf AB vier der vorgestellten Produkte sowie ein selbst gefundenes

Folie

Arbeitsblatt 1

Teil 3: Unterscheidung gesunder und weniger gesunder Produkte

- Lehrer erzählt von Kind, das das ganze Wochenende nur Kartoffelchips gegessen hat
- → Anknüpfen an Schülerwissen über gesunde Ernährung (vielseitig; wenig Fett und wenig Salz)
- → Wert von frischer Kost im Vergleich zu Fertigprodukten herausstellen
- Schüler umranden auf Arbeitsblatt weniger gesunde Produkte rot

Lehrer-Erzählung

Unterrichtsgespräch

Arbeitsblatt 1

Zusammenfassung

- Arbeitsrückschau
- „Dingsda"-Spiel: Schüler sieht Produkt, umschreibt es; Schüler raten und begründen, ob gesund oder eher ungesund

Spiel
Bildkarten
Produkte

QUERVERBINDUNGEN

Kunst

■ Erstellen einer Collage als Gemeinschaftsarbeit

SONSTIGE HINWEISE / BEMERKUNGEN

■ Nachbereitende Hausaufgabe: Sammeln von Bildern/Kartons verschiedener
Kartoffelgerichte
→ anschließende Erstellung eines Gemeinschaftsplakates
Ausstellungstisch: Kartonagen von Fertigprodukten, davor: Schälchen mit
Inhalt

ARBEITSBLÄTTER / FOLIEN / ANLAGEN

■ Folie: Produktpalette
■ Arbeitsblatt 1: Die Kartoffel – ein Genuss in vielen Formen
■ Arbeitsblatt 2: Rätselgitter
■ Arbeitsblatt 3: Mein Kartoffelprotokoll

Eine Knolle mit vielen Gesichtern

Folie

UE 5 „Eine Knolle mit vielen Gesichtern"

Name: Datum:

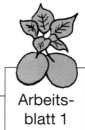

Arbeits-
blatt 1

Die Kartoffel –
ein Genuss in vielen Formen

■ Umrande die weniger
gesunden Gerichte rot!

Aus der Kartoffel können wir viele verschiedene Gerichte zubereiten!

UE 5 „Eine Knolle mit vielen Gesichtern"

Rätselgitter

■ Hier sind zehn leckere Kartoffelgerichte versteckt.
Suche die Wörter waagrecht und senkrecht.

C	K	Z	U	O	P	C	R	E	G	U	Z	O	B	M	E
K	A	R	T	O	F	F	E	L	S	U	P	P	E	T	O
I	R	K	A	R	T	O	F	F	E	L	B	R	E	I	M
T	T	S	U	U	T	H	I	K	E	K	A	B	R	A	K
Z	O	S	T	K	S	J	K	A	Q	R	Z	O	R	T	E
T	F	B	R	A	T	K	A	R	T	O	F	F	E	L	N
U	F	G	W	R	I	G	R	T	A	K	A	B	L	I	O
V	E	F	P	T	N	E	T	O	Z	E	A	E	U	G	Y
K	L	Z	Y	O	N	M	O	F	L	T	H	G	W	Z	P
L	A	N	A	F	P	R	F	F	K	T	K	K	K	K	L
E	U	N	D	F	Z	O	F	E	D	E	I	T	Z	B	C
A	F	C	T	E	Y	E	E	L	N	N	T	S	H	M	P
T	L	X	E	L	B	A	L	K	E	H	H	C	X	U	I
N	A	O	Q	S	N	G	N	L	P	Z	W	E	U	T	V
W	U	A	T	A	B	X	U	O	E	C	H	I	P	S	K
G	F	F	M	L	D	L	D	E	Y	S	U	M	N	Q	L
J	O	K	N	A	K	Z	E	S	I	T	D	R	M	O	A
Z	F	K	R	T	U	K	L	S	A	N	B	E	N	R	P
D	R	G	I	U	T	B	N	E	K	E	L	A	S	S	E
G	Z	U	D	S	J	P	E	O	R	O	E	S	T	I	R

Name: _____ Datum: _____

Lösung AB 2

Rätselgitter

■ Hier sind zehn leckere Kartoffelgerichte versteckt.
Suche die Wörter waagrecht und senkrecht.

C	K	Z	U	O	P	C	R	E	G	U	Z	O	B	M	E
K	A	R	T	O	F	F	E	L	S	U	P	P	E	T	O
I	R	K	A	R	T	O	F	F	E	L	B	R	E	I	M
T	T	S	U	U	T	H	I	K	E	K	A	B	R	A	K
Z	O	S	T	K	S	J	K	A	Q	R	Z	O	R	T	E
T	F	B	R	A	T	K	A	R	T	O	F	F	E	L	N
U	F	G	W	R	I	G	R	T	A	K	A	B	L	I	O
V	E	F	P	T	N	E	T	O	Z	E	A	E	U	G	Y
K	L	Z	Y	O	N	M	O	F	L	T	H	G	W	Z	P
L	A	N	A	F	P	R	F	F	K	T	K	K	K	K	L
E	U	N	D	F	Z	O	F	E	D	E	I	T	Z	B	C
A	F	C	T	E	Y	E	E	L	N	N	T	S	H	M	P
T	L	X	E	L	B	A	L	K	E	H	H	C	X	U	I
N	A	O	Q	S	N	G	N	L	P	Z	W	E	U	T	V
W	U	A	T	A	B	X	U	O	E	C	H	I	P	S	K
G	F	F	M	L	D	L	D	E	Y	S	U	M	N	Q	L
J	O	K	N	A	K	Z	E	S	I	T	D	R	M	O	A
Z	F	K	R	T	U	K	L	S	A	N	B	E	N	R	P
D	R	G	I	U	T	B	N	E	K	E	L	A	S	S	E
G	Z	U	D	S	J	P	E	O	R	O	E	S	T	I	R

UE 5 „Eine Knolle mit vielen Gesichtern"

43

Name: Datum:

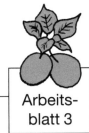

Arbeits-blatt 3

Mein Kartoffelprotokoll

Montag	
Dienstag	
Mittwoch	
Donnerstag	
Freitag	
Samstag	
Sonntag	

■ Trage hinter dem Wochentag jeweils den Namen des Gerichts ein, das du gegessen hast. Es können auch mehrere sein.
Vergiss nicht Kartoffelchips, Sticks usw.

UE 5 „Eine Knolle mit vielen Gesichtern"

Unterrichtseinheit 6

So ein leckeres (Erd-)Früchtchen

So ein leckeres (Erd-)Früchtchen

Unterrichtseinheit 6

Ziele

Die Schüler sollen

- wichtige Merkmale für eine Vorgangsbeschreibung nennen
- abwechslungsreiche Satzanfänge finden, die eine Reihenfolge beschreiben
- mit Hilfe der erworbenen Kenntnisse ein verbessertes Rezept entwerfen

MÖGLICHER UNTERRICHTSVERLAUF — Arbeitsformen / Medien

Hinführung

- Provozierender Impuls: Vorspielen einer unvollständigen, zu ausführlichen und nicht in der Reihenfolge stehenden Tonbandaufnahme mit einem Kartoffelsalat-Rezept
- Schüler äußern sich zur Vorlage

> **Zielangabe:** „Wir stellen ein geeignetes Rezept für Kartoffelsalat zusammen."

Tonbandaufnahme

Erarbeitung

- Schüler diskutieren Verbesserungsvorschläge (Sachlichkeit, richtige Reihenfolge, Vollständigkeit)
- Schüler ordnen Arbeitsschritte der Zubereitung in die richtige Reihenfolge (Nummerieren der Stichpunkte)
- Sammeln von passenden Satzanfängen wie „zunächst", „zuletzt", „anschließend" etc.
- Schüler formulieren die Stichpunkte aus, bilden Sätze mit abwechslungsreichen Satzanfängen
- **Sicherung:** „Satzkinder" an der Tafel besprechen anschließend mit dem „neuen" Rezept das Tonband
- Gemeinsames Zubereiten des Kartoffelsalates aus mitgebrachten Zutaten nach dem erstellten Rezept (Folie mit fertigem Rezept als Hilfestellung)
- abschließendes gemeinsames Essen

Unterrichtsgespräch
Tafel

Arbeitsblatt
Unterrichtsgespräch
Tafel

Tonband

Folie

Zutaten

Zusammenfassung

- Schüler entwerfen das ausführliche Salatrezept im Aufsatz-, Entwurfs- bzw. Reinschriftheft (Ausgestaltung der Stichworte); auch als Hausaufgabe möglich

Arbeitsblatt, Entwurfs- bzw. Reinschriftheft

QUERVERBINDUNGEN

Kunsterziehung

■ Collage aus Bildern von Kartoffelgerichten

Deutsch / Weiterführendes Lesen

■ „Kartoffelferien" von Margret Rettich
■ „Abschiedsworte an Pellka" Gedicht von Joachim Ringelnatz

SONSTIGE HINWEISE / BEMERKUNGEN

■ Veranstalten eines Kartoffelfeuers
■ Sammeln von Lieblings-Kartoffelrezepten → Binden zum „Klassenkochbuch"
■ Einladen von Eltern / Mitschülern z. B. im Rahmen eines Schulfestes zum Essen

ARBEITSBLÄTTER / FOLIEN / ANLAGEN

■ Tonbandtext
■ Folie mit vollständigem Rezept
■ Arbeitsblatt mit Stichpunkten
■ Vorlage für Lieblings-Kartoffelrezept

Text für die Tonbandaufnahme oder szenische Darstellung

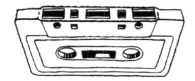

(Telefonklingeln)

Susi: *„Hallo, Peter! Du wolltest mir doch noch ein Kartoffelsalat-Rezept für mein Geburtstagsfest geben."*

Peter: *„Klar doch, pass gut auf! Du musst Gurken in kleine Würfel schneiden und sie dann schälen. In einen mittelgroßen silbernen Kochtopf gehören die Kartoffeln. Am Anfang gibst du Essig und Öl dazu. So, lasst es euch dann gut schmecken."*

Susi: *„Aber Peter! Mit diesem Rezept kann ich ja gar nichts anfangen!"*

UE 6 „So ein leckeres (Erd-)Früchtchen"

Name: Datum:

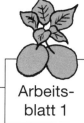

Arbeits-blatt 1

Bauern-Kartoffelsalat

250 g	Gurken
500 g	Salatkartoffeln
50 g	geräucherter Speck
1 Stück	Zwiebel
1/4 Tasse	Fleischbrühe
6 El	Essig
	Öl, Salz, Pfeffer

- ☐ Kartoffeln pellen, in dünne Scheiben schneiden
- ☐ Salat mit Essig, Öl, Salz und Pfeffer abschmecken
- ☐ geschälte Gurken in Scheiben schneiden
- ☐ Speck und gewürfelte Zwiebel in einer Pfanne anbraten
- ☐ Kartoffeln mit Schale etwa 20 Minuten kochen
- ☐ warme Kartoffelscheiben mit der Speck-Zwiebel-Sauce übergießen

UE 6 „So ein leckeres (Erd-)Früchtchen"

Name: ☐   Datum: ☐

Lösung AB 1

Bauern-Kartoffelsalat

250 g   Gurken
500 g   Salatkartoffeln
50 g   geräucherter Speck
1 Stück   Zwiebel
1/4 Tasse   Fleischbrühe
6 El   Essig
    Öl, Salz, Pfeffer

2	Kartoffeln pellen, in dünne Scheiben schneiden
6	Salat mit Essig, Öl, Salz und Pfeffer abschmecken
5	geschälte Gurken in Scheiben schneiden
3	Speck und gewürfelte Zwiebel in einer Pfanne anbraten
1	Kartoffeln mit Schale etwa 20 Minuten kochen
4	warme Kartoffelscheiben mit der Speck-Zwiebel-Sauce übergießen

UE 6 „So ein leckeres (Erd-)Früchtchen"

Name: Datum:

Folie

Bauern-Kartoffelsalat

250 g	Gurken
500 g	Salatkartoffeln
50 g	geräucherter Speck
1 Stück	Zwiebel
1/4 Tasse	Fleischbrühe
6 El	Essig
	Öl, Salz, Pfeffer

Die Kartoffeln mit Schale etwa 20 Minuten kochen. Anschließend die Kartoffeln pellen und in dünne Scheiben schneiden. Den Speck in einer Pfanne anbraten und die gewürfelte Zwiebel darin bräunen. Die warmen Kartoffelscheiben mit der Speck-Zwiebel-Sauce übergießen. Jetzt die geschälten, in Scheiben geschnittenen Gurken unterheben und zuletzt den Salat mit Essig, Öl, Salz und Pfeffer abschmecken.

Guten Appetit!

UE 6 „So ein leckeres (Erd-)Früchtchen"

Name: Datum:

Arbeits-
blatt 2

Mein Lieblings-Kartoffelrezept

UE 6 „So ein leckeres (Erd-)Früchtchen"

Unterrichtseinheit 7

Die Kartoffel – eine Reisende durch die Zeit

Die Kartoffel – eine Reisende durch die Zeit

UE 7

Ziele

Die Schüler sollen

- aus Arbeitstexten selbstständig Informationen zur Geschichte der Kartoffel entnehmen
- die Ergebnisse vorstellen und zeitlich einordnen
- die Kartoffel als wichtiges und wertvolles Grundnahrungsmittel schätzen lernen
- in einem abschließenden Spiel den Weg der Kartoffel bis heute darstellen

MÖGLICHER UNTERRICHTSVERLAUF — Arbeitsformen / Medien

Hinführung

- Lehrer-Erzählung in Form einer Rätselgeschichte: „Ich möchte euch heute eine Reisende aus fernen Ländern vorstellen. Sie ist schon uralt, trotzdem gibt es sie immer wieder neu."
- Schüler vermuten, um wen es in dieser Geschichte geht

> **Zielangabe: „Wir erforschen den langen Weg der Kartoffel."**

Lehrer-Erzählung

Erarbeitung

Teil 1: Herkunft der Kartoffel

- Lehrer-Erzählung: Kartoffel stammt aus Peru / Inkas / Heilmittel / Ankunft der Spanier (vgl. Einführung)
- Schüler entnehmen Informationen über den weiteren Weg in arbeitsteiliger Gruppenarbeit / Unterstreichen wichtiger Textstellen
- Auswertung der Gruppenarbeit: Gruppen 1 / 2 / 3 / 4 tragen die Ereignisse zusammengefasst vor; ein Schüler heftet Bildkarten an die Zeitleiste an der Tafel; Sicherung: alle Schüler verbinden Bilder (= Bildkarten) mit der Zeitleiste auf dem Arbeitsblatt

Lehrer-Erzählung

Gruppenarbeit
Infotexte

Bildkarten
Tafel
Arbeitsblatt

Teil 2: Nachvollziehen des Weges

- Folie mit Landkarte: Schüler beschreiben den Weg unter Einbezug ihrer bisherigen Kenntnisse
- Nachschlagen in Atlanten, Suchen auf dem Globus
- Eintragen des Weges in die Landkarte (Folie / Arbeitsblatt)

Folie

Atlas / Globus
Folie / Arbeitsblatt

Teil 3: Besinnung: Bedeutung der Kartoffel als Grundnahrungsmittel früher / heute / morgen

- Gruppe 5 trägt Ergebnisse vor
- anschließende Aussprache
- Entwicklung eines Merksatzes, Nachlesen des Merksatzes auf dem Arbeitsblatt
  Auswertung: Das ganze Jahr Kartoffel
- Einsatz Folie 2, Schüler werten aus

Unterrichtsgespräch
Tafel / Arbeitsblatt

Folie 2

szenische Darstellung

Zusammenfassung

- Schüler stellen den Weg der Kartoffel und bedeutende Ereignisse szenisch dar

QUERVERBINDUNGEN

Soziales Lernen

- Einfluss und Abhängigkeit von fremden Ländern
- Auffinden weiterer importierter Produkte

Kunsterziehung

- Bildbetrachtung „Die Kartoffelesser" von Vincent van Gogh (siehe UE 6)

Deutsch / Weiterführendes Lesen

- „Kartoffelferien" von Margret Rettich

Deutsch / Schriftlicher Sprachgebrauch

- Reizwortgeschichte z. B. „Schatz – Knolle – geheim"

Inka-Projekt

- Ausstellung, Bücher, Bilder, Kostüme, darstellendes Spiel

SONSTIGE HINWEISE / BEMERKUNGEN

- Arbeitstexte nach Schwierigkeitsgrad differenzierend einsetzen
- Bilder in die Zeitleiste im Klassenzimmer einordnen

ARBEITSBLÄTTER / FOLIEN / ANLAGEN

- Anlage 1 / Anlage 2
- Informationstexte: 1 = Inkas / Spanier, 2 = Friedrich der Große,
  3 = Weg: Spanien - Italien - Deutschland, 4 = heute, 5 = Hungersnöte
- Arbeitsblatt + Kontrollblatt
- Anlage 3
- Blatt mit 5 Symbolen (Bildkarten)
- Folie „Landkarte"
- Folie „Erntezeit"

Name: [   ]   Datum: [   ]

Arbeits-blatt

Die Kartoffel – eine Reisende durch die Zeit

Vor 2000 Jahren 1400 1450 1500 1550 1600 1650 1700 1750 1800 1850 1900 1950 2000

Erst durch die Einfuhr der Kartoffel in Europa konnten in Notzeiten viele Menschen überleben. Auch heute noch ist sie eines der bedeutendsten Grundnahrungsmittel.

UE 7 „Die Kartoffel – eine Reisende durch die Zeit"

Name: [   ]   Datum: [   ]

Lösung
AB 1

Die Kartoffel – eine Reisende durch die Zeit

Vor 2000 Jahren 1400 · 1450 · 1500 · 1550 · 1600 · 1650 · 1700 · 1750 · 1800 · 1850 · 1900 · 1950 · 2000

Deutschland 1700

Italien

Spanien 1565

Inkas / Anden

vor 2000 Jahren

Eroberung durch
die Spanier 1526

Erst durch die Einfuhr der Kartoffel in Europa konnten in Notzeiten viele Menschen überleben.
Auch heute noch ist sie eines der bedeutendsten Grundnahrungsmittel.

UE 7 „Die Kartoffel – eine Reisende durch die Zeit"

57

Arbeitstexte

Anlage 1

GRUPPE 1

Ursprünglich stammt die Kartoffel nicht aus Europa, sondern aus den Gebirgsländern Südamerikas. Die „Papas" (Knollen) wurden schon vor etwa 2.000 Jahren von der südamerikanischen Urbevölkerung der Anden, den Inkas, angepflanzt. Neben dem Mais dienten sie den Inkas als Hauptnahrungsmittel. Sie hatten sogar eine sehr ausgefallene Methode erfunden, die Kartoffel haltbar zu machen: Die Knollen wurden auf 4.000 m hochgetragen, dort dem Nachtfrost ausgesetzt, mit den Füßen gepresst und anschließend getrocknet. Solche „chunos" gibt es auf den Märkten der Anden heute noch.

GRUPPE 2

Als die Spanier 1526 n. Chr. ins Inkareich vorstießen, fanden sie dort ausgedehnte Kartoffelkulturen vor. Dennoch waren für sie in erster Linie das Gold und Silber der Inkas interessant. Als Schiffsproviant für die spanischen Eroberer trat die Kartoffel im Bauch einiger Silberschiffe ihre erste Reise nach Europa an. Die Eroberer brachten die Nachricht der wohlschmeckenden, mehligen „Trüffel" nach Spanien. Einige Geschichtsquellen behaupten auch, dass der englische Pirat Sir Francis Drake die Kartoffel das erste Mal nach Europa gebracht haben soll.

GRUPPE 3

In Spanien wurde die braune Knolle, die spanische Seeleute aus Südamerika mitbrachten, zunächst nicht gegessen, sondern man bewunderte ihre bizarren Blüten. Erst eine Generation später entdeckten die Spanier, dass man die Kartoffel auch verzehren kann. Von Spanien aus führte der Weg der braunen Knolle nach Italien. Hier erhielt sie auch ihren Namen „tartufo". Daraus entstand bei uns der Name „Kartoffel". Bereits 1589 n. Chr. brachte der deutsche Pflanzenexperte Clusius die Kartoffel nach Deutschland, wo sie aber zunächst ebenfalls nur als Zierpflanze angenommen wurde. Auf ihren Tischen wollten die Menschen die unbekannte Frucht nicht haben. Die Bauern verfütterten sie vor allem an ihre Schweine.

UE 7 „Die Kartoffel – eine Reisende durch die Zeit"

Arbeitstexte

Anlage 1

GRUPPE 4

Den wahren Wert der Kartoffel erkannte man in Deutschland erst um 1700 n. Chr. Der Preußenkönig Friedrich der Große brauchte in seinem kargen Land ein Nahrungsmittel, das sich problemlos anbauen ließ und gleichzeitig einen hohen Sättigungswert hatte. Da er seine Bauern aber nicht so einfach überzeugen konnte, griff er zu einer List: Er ließ die Kartoffelfelder von seinen Soldaten bewachen. Dadurch wurden die Bauern neugierig und stahlen nachts die Pflanzen von den Feldern. Sie bauten sie selber an und aßen sie anschließend auch gerne.

GRUPPE 5

Während einer großen Hungersnot im Jahr 1740 n. Chr. wurden in Deutschland mehr Kartoffeln angebaut. Durch die nächste „Notzeit" in der Mitte des 18. Jahrhunderts setzte sich der Anbau der Kartoffel endgültig durch. In weiten Teilen des Landes wären die Menschen ohne die braunen Knollen verhungert! Heute wissen wir, wie viele Nährstoffe die Kartoffel besitzt und wie wertvoll sie deshalb für unsere Ernährung ist. So ist sie auch für uns ein wichtiges und wohlschmeckendes Grundnahrungsmittel.

UE 7 „Die Kartoffel – eine Reisende durch die Zeit"

Anlage 2

UE 7 „Die Kartoffel – eine Reisende durch die Zeit"

Die Kartoffel – eine Reisende durch die Zeit

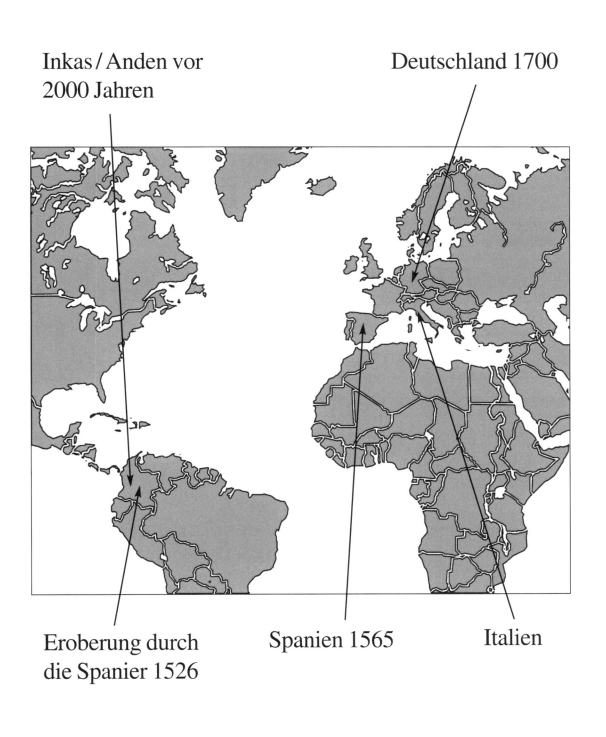

Inkas / Anden vor 2000 Jahren

Deutschland 1700

Eroberung durch die Spanier 1526

Spanien 1565

Italien

UE 7 „Die Kartoffel – eine Reisende durch die Zeit"

Name: ⬜ Datum: ⬜

Folie 2

Der Beilagenverbrauch in Deutschalnd

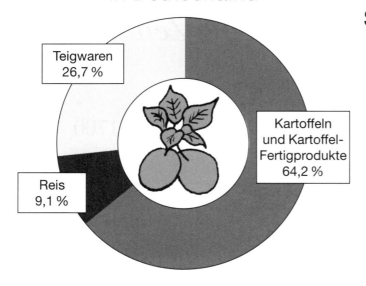

Teigwaren 26,7 %
Reis 9,1 %
Kartoffeln und Kartoffel-Fertigprodukte 64,2 %

Pro-Kopf-Verbrauch in Deutschland von Speisekartoffeln und Kartoffelprodukten

73 kg

Das ganze Jahr Kartoffeln

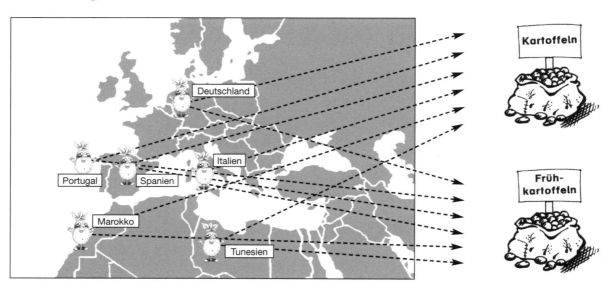

Erntezeit

| Juli | Aug. | Sept. | Okt. | Nov. | Dez. | Jan. | Feb. | März | April | Mai | Juni |

Deutschland — Einkellerungszeit — Nordafrika — Italien, Spanien, Portugal

UE 7 „Die Kartoffel – eine Reisende durch die Zeit"

Unterrichtseinheit 8

Der Retter aus der größten Not

Der Retter aus der größten Not

Unterrichtseinheit 8

Ziele

Die Schüler sollen

- das Bild „Die Kartoffelesser" von Vincent van Gogh nach Inhalt, Farbgebung und Ausdruck analysieren
- Situation und Absicht des Maler kennen lernen
- das Kunstwerk nachstellen und die Farbkomposition nachgestalten

MÖGLICHER UNTERRICHTSVERLAUF — Arbeitsformen / Medien

Hinführung

- **Einstimmung:** Lehrer führt Schüler bei geschlossenen Augen in Gedanken an den Tisch der Kartoffelesser (Stimmung, Farben, Licht, Geruch etc. vermitteln, die im Raum herrschen)
- Begegnung mit dem Bild

Folie

Erarbeitung

Werkbetrachtung und -analyse

- Schüler betrachten still und äußern dann ihren ersten Eindruck

Unterrichtsgespräch

- **Inhaltliche Analyse:** Schüler beschreiben den Raum, die Anordnung der Gegenstände und Personen (kann kurz durch Wortkarten an der Tafel nachvollzogen werden)

- **Besprechen der Farbgebung** (wenn Farbbild vorliegt): dunkler Hintergrund in Braun-Grau-Tönen, starker Kontrast durch den Lichteffekt, der sich durch die Gelbtöne ergibt

Wortkarten / Tafel

- **Information zu Bild und Maler:** Frühe Arbeit des Malers, entstanden 1885; mit vielen Zeichnungen sorgfältig geplant; einfühlsame Milieustudie, bemüht, das Leben der Bauern wirklichkeitsnah darzustellen; van Gogh sucht nach Wahrhaftigkeit, nicht nach Schönheit; zeigt sich solidarisch mit den in Armut lebenden Menschen

Lehrer-Erzählung

- Schüler fassen die Wirkung des Bildes auf den Betrachter zusammen: Ausdruck von Armut (Kartoffeln als karges Mahl, das das Überleben sichert), aber auch von Zusammengehörigkeit

Unterrichtsgespräch

Zusammenfassung

Möglichkeiten der Umsetzung

- Schüler stellen die Szene am Tisch im Klassenzimmer nach
- Kontrastwirkung der Farben erproben (Farben anmischen und flächig verteilen gemäß der Anordnung auf dem Kunstwerk)
- Schlüssel mit dampfenden Kartoffeln als Thema stellen

Szenische Darstellung

Abschluss

- Besprechung der Arbeitsergebnisse / Schüler diskutieren und bewerten ihre eigenen Arbeiten nach den gestellten Anforderungen

Unterrichtsgespräch

QUERVERBINDUNGEN

Heimat- und Sachkundeunterricht

- Geschichte der Kartoffel
- Bauernhof: Anbau, Ernte, Verkauf von Kartoffeln, kontrollierter Anbau

SONSTIGE HINWEISE / BEMERKUNGEN

- Hinweis zur Bedeutung der Kartoffel als lebenswichtiges Nahrungsmitel in der dargestellten Zeit
- Verzicht darauf, die Kartoffel als Arbeitsmittel (z. B. als Kartoffelstempel zum Drucken) zu verwenden, da dies im Widerspruch dazu steht, Kindern den verantwortlichen Umgang mit einem wertvollen Nahrungsmittel zu vermitteln.

ARBEITSBLÄTTER / FOLIEN / ANLAGEN

- Folie zur Bildbetrachtung

UE 8 „Der Retter aus der größten Not"

Unterrichtseinheit 9

Wir feiern ein Kartoffelfest

Wir feiern ein Kartoffelfest

Unterrichtseinheit 9

Ziele

Die Schüler sollen

- Tischsitten besprechen und einhalten
- Feste vorbereiten und feiern
- Rezepte sammeln und zubereiten
- mit den Eltern zusammenarbeiten können

Das Fest muss bereits mehrere Tage vorher geplant werden. Jede Gruppe sollte ein Kartoffelgericht auswählen. Für jede Gruppe sollte ein Elternteil bereitstehen. Wenn keine Schulküche vorhanden ist, müssen auch in jeder Gruppe die Arbeitsgeräte mitgebracht werden. Als Arbeitserleichterung können bei vielen Gerichten bereits am Vortag gekochte, geschälte Kartoffeln von den Kindern mitgebracht werden (z. B. bei Bratkartoffeln, Kartoffelsalat …).

MÖGLICHER UNTERRICHTSVERLAUF — Arbeitsformen / Medien

Hinführung

Teil 1: Zubereitung der Speisen

- Jede Gruppe bereitet mit Hilfe eines Elternteils das ausgewählte Gericht zu und stellt es auf vorbereiteten Tischen ab (Warmhalteplatten).

Teil 2: Dekoration und Tischschmuck

- Die Gruppen, die mit ihren Gerichten fertig sind, übernehmen das Decken der Tische und die Gestaltung des Schmuckes.

Teil 3: Gemeinsames Essen

- Zum gemeinsamen Mahl kann auch die Nachbarklasse oder eine Kindergartengruppe (z. B. die nächsten Schulanfänger) eingeladen werden.

Gruppenarbeit
Zutaten / Arbeitsgeräte

Gruppenarbeit
Geschirr, Blumen, Servietten

QUERVERBINDUNGEN

Religion

- Tischgebete

Kunsterziehung

- Einladungskarten, Gestaltung von Servietten

Deutsch / Schriftlicher Sprachgebrauch

- Aufschreiben von Rezepten

ARBEITSBLÄTTER / FOLIEN / ANLAGEN

- Vorbereitungsplan
- Arbeitsplan

Vorbereitungsplan

Folie

Wir planen unser Kartoffelfest

Gruppe: _____

Unser Helfer heißt: _____

Wir bereiten _____ *zu.*

Das brauchen wir:

1. Arbeitsgeräte   bringt mit:

2. Zutaten   bringt mit:

UE 9 „Wir feiern ein Kartoffelfest"

Arbeitsplan

Folie

Wir planen unser Kartoffelfest

Arbeitsplan für: _____

Gruppe: _____

In dieser Reihenfolge gehen wir vor:

1.

UE 9 „Wir feiern ein Kartoffelfest"

Liebe Lehrerin, lieber Lehrer,

auf diesen Seiten stellen wir Ihnen eine kleine Auswahl aus unserem Verlagsprogramm vor. Weitere Titel finden Sie im **CARE-LINE Gesamtverzeichnis,** das wir Ihnen gerne kostenlos zusenden. Ausführlich und aktuell können Sie sich außerdem in unserem **Online-Shop** informieren – dort bieten wir zu jedem Buch das Inhaltsverzeichnis und einige Probeseiten zum Download an. Und natürlich sind alle CARE-LINE Titel auch in Ihrer **Buchhandlung** erhältlich.

CARE■LINE®

Kalvarienbergstraße 22 • 93491 Stamsried • Tel.: 0 94 66/94 04 0
Fax: 0 94 66/12 76 • E-Mail: careline@voegel.com

www.care-line-verlag.de

Grundschul- und Förderschule, ab 1. Jgst.
Mathematik
64 Seiten, DIN A4
ISBN 978-3-86708-005-7
Best.-Nr.: 108005
EUR 14,90

Martina Mayer

Praxisheft Dyskalkulie

Gruppenförderung im Zahlenraum 1–20 in Grund- und Förderschule

Gemäß verschiedener Statistiken sind etwa 5 % aller Kinder von Dyskalkulie betroffen. Doch im Gegensatz zu LRS tritt Förderung bei Rechenschwäche oft in den Hintergrund.

Das „Praxisheft Dyskalkulie" gibt Ihnen Arbeitsmaterial an die Hand, mit dem Sie rechenschwache Schüler in Gruppen aber auch im Klassenverband fördern können. Ein kurzer Theorieteil erläutert den Einsatz der Materialien auch für Lehrer mit wenig Fördererfahrung. Kindgerechte, ansprechende Gestaltung regt die Kinder an, im ungeliebten Fach motiviert mitzuarbeiten.

Grundschule, 1.–4. Jgst.
Mathematik
112 Seiten, DIN A4
ISBN 978-3-93284-967-1
Best.-Nr.: 184967
EUR 17,80

Helmut Leutenbauer

Leichtsinnsfehler oder Rechenschwäche

Handreichung zur Fehlerursachen-Analyse in der Grundschule

Dass Kinder sich häufig verrechnen, weiß man aus Erfahrung. In der Regel vermuten Eltern wie Lehrer erst bei einer vergleichsweise hohen Fehlerquote eine Rechenschwäche, die Stützmaßnahmen erforderlich macht. Untersuchungen zeigen, dass Kinder, deren Rechenleistung als auffallend schwach einzustufen ist, ihre Aufgaben nach einem individuell falschen Muster lösen. Fachdidaktikern gelang es, die einzelnen Fehlergruppen bzw. die individuell falsche Lösungsstrategie zu identifizieren, sodass heute gezielte, fehlerorientierte Fördermaßnahmen möglich sind.

Grundschule, ab 2. Jgst.
Deutsch, Förderunterricht
60 Seiten, DIN A4
ISBN 978-3-93725-271-1
Best.-Nr.: 125271
EUR 14,80

Claudia Loipführer

Lesetraining mit Frieda Ferkel

Motivierende Geschichten und Aufgaben für die Grund- und Förderschule

Mit diesem Lesetraining wird die Lesefertigkeit auf motivierende und unterhaltsame Weise geschult. Die Inhalte sprechen die kindliche Vorstellungswelt an und orientieren sich an den Themen des Grundschullehrplans. Jede Trainingseinheit besteht aus einem kurzen, einfachen Lesetext und zwei Arbeitsblättern von unterschiedlichem Schwierigkeitsgrad. Durch Bilder zum Aus- und Fertigmalen wird ein erstes Textverständnis auf kindgerechte und motivierende Art und Weise geprüft.

Grundschule, 1.–4. Jgst.
fächerübergreifend
138 Seiten, DIN A4
ISBN 978-3-93284-998-5
Best.-Nr.: 184998
EUR 14,80

ISB

begreifen

Die Mehrdimensionalität des Denkens

Weltaneignung geschieht grundsätzlich über alle Sinne. Daher ist es wichtig, Unterrichtsinhalte nicht nur kognitiv zu erfassen, sondern mit allen Sinnen zu begreifen. Die Handreichung liefert nicht nur theoretisches Wissen über die Mehrdimensionalität des Denkens und Lernens, sondern zeigt an konkreten Praxisbeispielen für die Jahrgangsstufen 1–4, wie diese Mehrdimensionalität im Unterricht zur Geltung kommen kann. Demonstriert wird dies an den Themenbereichen „Spielzeug" (1. Jgst.), „Haustiere" (2. Jgst.), „Der Baum" (3. Jgst.) und „Wasser" (4. Jgst.).

Grundschule, ab 3. Jgst.
Deutsch, Förderunterricht
84 Seiten, DIN A4
ISBN 978-3-93725-201-8
Best.-Nr.: 125201
EUR 14,80

Gerlinde Heil

Lese-Rechtschreib-Schwäche oder Lernfehler?

Materialien zur Diagnose und Förderung in der Grundschule

„Fast alle Kinder leiden unter LRS – zumindest manchmal." Wenn auch der Lese- und Schreibstart bei den meisten Kindern in ähnlichen Entwicklungsphasen verläuft, so treten diese nicht unbedingt im selben Alter auf. Deshalb vermuten Eltern, Lehrer und Nachhilfe-Institute häufig eine massive Lese-Rechtschreib-Störung, obwohl vielleicht nur ein Entwicklungsschritt im Lesestart nicht ganz ausgereift ist. Wirkliche Wahrnehmungsstörungen sind eher selten. Die abwechslungsreichen und kreativen Übungen in diesem Buch sollen helfen, Lese- und Rechtschreibdefiziten vorzubeugen, aber auch Hinweise auf jene Schüler geben, die Hilfe von ausgebildeten Trainern und Therapeuten benötigen.

Grundschule, ab 1. Jgst.
160 Seiten, DIN A4
ISBN 978-3-86708-006-4
Best.-Nr.: 108006
EUR 19,80

Annette Mangstl-Fischer

LRS-Training mit Gustav Giraffe

Ein umfassendes Förderprogramm für die Grundschule

Zwischen 5 und 20 % aller Schüler eines Jahrgangs haben Legasthenie. Somit finden sich tendenziell in jeder Klasse mehr als nur ein LRS-Schüler.

Da für Einzelförderung meist nicht genug Zeit zur Verfügung steht, wurde das Gruppenprogramm „LRS-Training mit Gustav Giraffe" entwickelt. Damit können Sie nicht nur die Lese- und Rechtschreibleistung Ihrer Schüler fördern, sondern auch die emotionale und soziale Situation verbessern, die Motivation steigern und ein positives Lern- und Arbeitsverhalten aufbauen. Die abwechslungsreichen und in kindgerechte Geschichten eingearbeiteten Arbeitsblätter bieten den Schülern darüber hinaus die Möglichkeit, ihre eigenen Lernfortschritte zu erkennen.

Doris Nathrath, Dr. Edith Wölfl

Erfolgreicher Schulanfang mit ADHS-Kindern

Theorie und Praxis für den Unterricht in der Grundschule

Schulanfang mit ADHS-Kindern – eine echte Herausforderung, aber am Ende sicher erfolgreich mithilfe der vielen langjährig erprobten Vorschläge in diesem Buch. Im Einführungsteil werden zunächst aktuelle Hintergrundinformationen zum Störungsbild ADHS dargestellt. Die Leitidee des Praxis-Teils heißt: Mit einfachen Maßnahmen und klaren Strukturen den Schulanfang (nicht nur) für Kinder mit Aufmerksamkeits-Problemen erleichtern – und vor allem lustvoll gestalten. Nicht Perfektionismus ist gefragt, sondern „Weniger ist mehr" lautet das Motto.

Grundschul- und Förderschule, 1. Jgst.
fächerübergreifend
72 Seiten, DIN A4
ISBN 978-3-93725-299-5
Best.-Nr.: 125299
EUR 14,80

Karin Schneider

Lernen lernen junior

Gut in der Grundschule durch richtige Lerntechniken

Was tun, wenn Kinder unkonzentriert sind und nicht lernen können, wenn sie sollen? Wenn Frust statt Lust sich nach einem langen Schultag angesichts des Hausaufgabenstapels breitmachen? „Lernen lernen junior" geht Lernproblemen bei Kindern in der Grundschule auf den Grund. Ziel ist die Reflexion der SchülerInnen über das eigene Lernen und das Entwickeln bzw. Verbessern von Lernstrategien.

„Lernen lernen junior" behandelt Störfaktoren und Probleme beim Lernen und gibt Tipps für die Hausaufgaben und Tricks gegen das Schlappsein.

Grundschule, 2.–4. Jgst.
fächerübergreifend
50 Seiten, DIN A4
ISBN 978-3-93284-941-1
Best.-Nr.: 184941
EUR 9,80

Christel Romero

Vom Zählen zur Zahl

Eine vielseitig einsetzbare Hinführung zur Mengenerfassung

„Gibt es ein Tier mit fünf Beinen?" Die Antwort auf diese Frage findet sich in dieser von fantasievollen Erzählungen begleiteten Einführung in die Welt der Zahlen.

Rechnen muss mit allen Sinnen gelernt werden. In diesem Buch gibt es dazu zahlreiche Anregungen aus dem Erfahrungshorizont der Kinder: Geschichten zu den Zahlen von 1 bis 20 mit der Identifikationsfigur „Olle", strukturierte Mengenbilder, Zahlen zum Ausmalen, ein Ziffernschreibkurs u. v. a. m. Gefördert und gefestigt wird auf diese Weise der Übergang vom Zählen hin zur Durchgliederung von Mengen.

Grundschule, 1. Jgst.
Mathematik
118 Seiten, DIN A4
ISBN 978-3-93725-202-5
Best.-Nr.: 125202
EUR 17,80

Schüler-Kreativität fördern

Fächerübergreifende Unterrichtsmaterialien für die Grundschule

Kreativität, Flexibilität und Kooperationsfähigkeit sind wichtige Schlüsselqualifikationen für das Berufsleben. Damit Kinder später mithalten können, ist frühzeitige Förderung schon in der Grundschule nötig.

„Schüler-Kreativität fördern" enthält zahlreiche Unterrichtsvorschläge, Kopiervorlagen und Arbeitsblätter, um das kreative Potenzial von Kindern zu fördern. Die Materialien sind fächerübergreifend einsetzbar und garantieren ein spielerisches Lernen, ganz nach dem Motto „Mit Spaß schlau werden".

Grundschule, ab 1. Jgst.
fächerübergreifend
64 Seiten, DIN A4
ISBN 978-3-86708-004-0
Best.-Nr.: 108004
EUR 14,90

Petra Mönning

Leben auf dem Bauernhof

Fächerübergreifende Unterrichtsmaterialien für die Grundschule

Woher kommen eigentlich Butter und Käse auf dem Pausenbrot? Sind die Produzenten des Frühstückseis wirklich so glücklich? Werden Milch und Schokolade tatsächlich von lila Kühen hergestellt? Fragen wie diese müssen Grundschullehrer häufig beantworten – schon deshalb, weil der Bauernhof fester Bestandteil des Lehrplans ist.

Mit den fächerübergreifenden und handlungsorientierten Materialien kann das Thema Bauernhof umfassend und abwechslungsreich behandelt werden.

Grundschule, 3.–4. Jgst.
fächerübergreifend
76 Seiten, DIN A4
ISBN 978-3-93725-239-1
Best.-Nr.: 125239
EUR 14,80

Monika Mertens

Entdeckungen rund ums Getreide

Fächerübergreifende Unterrichtsmaterialien für die Grundschule

Wie wird aus einem Weizenkeimling eine Pflanze? Warum ist Getreide so wichtig für die Ernährung? Woran kann man Weizen und Roggen unterscheiden? Welche Funktion hat die Hefe beim Backen?

Diese und viele weitere Fragen rund um das Thema Getreide werden in dieser Unterrichtsmappe behandelt. Einprägsame Texte, spannende Beobachtungen und zahlreiche praktische Versuche, die von den Schülerinnen und Schülern selbstständig ausgeführt werden, machen komplexe Vorgänge erfahrbar und verständlich.

Grundschule, 2.–4. Jgst.
fächerübergreifend
88 Seiten, DIN A4
ISBN 978-3-93284-999-2
Best.-Nr.: 184999
EUR 14,80

BESTELLSCHEIN   Fax: 09466/1276 • Tel.: 09466/94040 • E-Mail: careline@voegel.com

Name: _____

Straße: _____

PLZ/Ort: _____

Telefon:* _____

E-Mail:* _____
(Falls Sie per Newsletter über Neuerscheinungen informiert werden wollen)

Schulart/Jgst.:* _____

Datum, Unterschrift: _____
* freiwillige Angaben

❏ Bitte senden Sie mir/uns kostenlos das aktuelle **CARE-LINE Gesamtverzeichnis** zu

Bitte liefern Sie mir/uns gegen Rechnung folgende Titel:

St.	Bestellnummer	Kurztitel	Preis

(Preise zzgl. Versandkosten)